El Dragón Yoga
My Dragon Books Español - Volumen 4
de Steve Herman

Copyright © 2020 Digital Golden Solutions LLC.

Todos los derechos reservados. Este libro y ninguna de sus partes pueden ser usadas o reproducidas en ninguna forma gráfica, electrónica o mecánica, incluyendo fotocopia, grabación, taquigrafiado tipiado o algún otro medio, incluyendo sistemas de almacenamiento, sin previo permiso por escrito de la casa editora.

[All rights reserved. No part of this publication may be reproduced, distributed, or transmitted in any form or by any means, including photocopying, recording, or other electronic or mechanical methods, without the prior written permission of the publisher.]

ISBN: 978-1-950280-33-9 (Tapa blanda)
ISBN: 978-1-950280-34-6 (Tapa dura)

www.MyDragonBooks.com

Primera Edición: febrero 2020

10 9 8 7 6 5 4 3 2 1

Si ves un dragón enojado o uno que se siente estresado
O un dragón de mal humor porque no pudo descansar y estar reposado,

Luego lo vi la cabeza escamosa bajar y un suspiro humeante exhalar.

"Primero recogí todos mis juguetes, y luego tendí mi cama..."

"Barrí el piso y muchas cosas más; Estoy agotado", Diggory exclama.

"Por ejemplo, cuando trabajas duro,
una pausa debes realizar,
Así que tómate un descanso y siéntate,
incluso los dragones necesitan descansar."

Diggory se sentó y cruzó las piernas (tuve que mostrarle cómo);
Respiró hondo, "¡Estoy mucho mejor ahora!, dijo con aplomo"

"Practica el equilibrio en tu vida;
No te arrepentirás, estoy seguro.
Hay un truco que puedes hacer
para no olvidarlo, te lo aseguro".

Dije: "Cuando lo que queremos simplemente no puede ser, nos debemos adaptar, Así que dóblate de un lado hacia al otro para tu flexibilidad probar".

Una vez Diggory Doo estaba enfermo y al veterinario tuvo que visitar.
Se sacudió un poco y se mordió el labio; sentía en su barriga malestar.

www.ingramcontent.com/pod-product-compliance
Lightning Source LLC
Chambersburg PA
CBHW051401110526
44592CB00023B/2908